Über die Autorinnen

Bettina Kaever beginnt den Tag am liebsten mit einem Sonnengruß. Besonders wenn es regnet! Ganz im Hier und Jetzt zu sein lernt sie von ihren beiden Töchtern – immer wieder neu. Die Literaturwissenschaftlerin hat eine Ausbildung zur Kundalini-Yoga-Lehrerin und arbeitet als freie Journalistin und Autorin. Sie lebt mit ihrer Familie in Hamburg.
Weitere Informationen unter: **www.textkaever.de**

Nele Langosch liebt es, beim Schreiben ihrer Texte selbst ganz im Moment zu versinken und alles um sich herum zu vergessen. Die Diplom-Psychologin praktiziert Kundalini-Yoga und geht gern stundenlang auf dem Deich spazieren, um sich vom Wind richtig durchpusten zu lassen. Sie arbeitet als Journalistin und Autorin in Hamburg.
Weitere Informationen unter: **www.nele-langosch.de**

Cover: Foto, Hintergrund, Dekoelemente: Shutterstock.com
Innenteil: S. 28 – 29 iStockphoto / pixdeluxe; alle anderen Fotos, Hintergründe, Dekoelemente: Shutterstock.com

Text: Bettina Kaever, Nele Langosch
Cover und Gestaltung: Kristina Dittert | Agentur 3Kreativ | www.3kreativ.de
Lektorat: Kathrin Mayr, Pattloch Verlag
Druck und Bindung: Uhl, Radolfzell

ISBN 978-3-629-11510-2

www.pattloch.de

5 4 3 2 1

FSC
www.fsc.org
MIX
Papier aus verantwortungsvollen Quellen
FSC® C004229

Bettina Kaever | Nele Langosch

DEINE INNERE Reise ZUM Glück

Stille Momente für die Seele

Pattloch*

Manchmal können wenige Sätze ausreichen, um die Zeit stillstehen zu lassen. Um einen Augenblick zu schaffen, in dem alles vollkommen und stimmig erscheint. In dem du nur noch sein kannst, mit jeder Pore deines Körpers und jedem Atemzug. Entspannt. Und glücklich.

Mit diesem Buch begibst du dich auf deine persönliche Reise zu diesem Moment. Zum Glück. Die kleinen Inspirationen auf den folgenden Seiten möchten dein Herz berühren und deinen Blick weiten. Um dich zu entführen: an magische Orte wie den Strand im Sommerurlaub, wo dir der Geruch von Sonnenmilch und Erdbeereis um die Nase weht. Oder an einen stillen Wintersee – schneidend kalt fühlt es sich dort an, aber es ist so ruhig, dass du fast deinen eigenen Herzschlag hören kannst.

Auf deiner Reise wirst du die Kraft der Natur erleben, bis du eins mit ihr wirst und ihre Energie dich zum Strahlen bringt. Dann wird dich dein Weg zu dir selbst führen, achtsam, mit all deinen Sinnen. Zu deinen Träumen, deinen innersten Wünschen und Sehnsüchten, die dir nun klar vor Augen stehen. Zuletzt, wenn du zu einer wohltuenden Balance gefunden hast, möchte das Buch deine Aufmerksamkeit wieder nach außen lenken, zu dem lauten Glück des Feierns und Tanzens. Zu Freudensprüngen und Höhenflügen. Und zu purer Lebenslust.

Komm mit und entdecke die Schätze des Lebens, die die Welt für dich parat hält und die tief in dir schlummern!

EIN TAG am Meer

Feiner Sand von unten, der zwischen den Zehen kitzelt und schmeichelnd durch die Hände rieselt. Sonne, ein strahlender Himmel und Wolkenberge wie gemalt. Und geradeaus: der Blick aufs Meer. Auf die Unendlichkeit. Der Horizont und der weite Himmel sind die Leinwand für unseren Tag am Meer, an dem alles möglich ist. Ein Mittagsschläfchen unterm Sonnenschirm. Murmelnde Wellen geben den Sound der Entspannung. Der Alltag hat Sendepause. Eine Wasserschlacht, Salz an den Lippen.

Danach ein Eis im Strandkorb. Muscheln sammeln am Wassersaum. Wer im Meer schwimmt und sich seinen Dimensionen aussetzt, kann fühlen, was es heißt, Teil eines großen Ganzen zu sein. Getragen zu werden von der Kraft und Macht der Natur. Und einfach nur zu sitzen und aufs Meer zu schauen – es gibt keine schönere Meditation. Der Atem passt sich den Wellen an. Ein und aus. Ganz natürlich und – fließend. Ruhe, Entspannung, Auftanken. Jeder Tag am Meer ist ein guter Tag!

DAS FEST *der Kirschblüten*

Zart und verletzlich wie eine vage Hoffnung recken sie dem Licht ihre duftigen Blüten entgegen. Gleichzeitig scheinen die üppig weißen und rosafarbenen Kirschbäume vor Stolz zu strotzen, so schön sein zu dürfen. Und sie zeugen von purer Lebensfreude, jetzt in diesem Moment auf dieser Erde zu sein. Blühende Bäume, watteweich wie Wolken, erinnern uns an das Gefühl, etwas zum ersten Mal zu tun. Zum allerersten Mal verliebt zu sein. Den ersten Kuss zu erleben, süß, rau und mit einem Kribbeln im Bauch. In Japan feiert man »Hanami«, das Kirschblütenfest, bei dem man »Sakura«, die Kirschblüte, ehrt. Dort steht sie vor allem für Schönheit und Neubeginn.

Tausende Japaner zelebrieren diese Zeit. Sie versammeln sich auf blauen Decken unter den Bäumen und genießen den Zauber, mit dem die Blüten das Land für nur wenige Tage in Pastelltönen färben. Das strahlende Weiß und Rosarot der Kirschbäume ist Lebensfreude pur! Dann, in ihrer absoluten Vollendung, segeln die Blütenblätter wie Schneeflocken sanft zu Boden und fordern uns auf, diese magischen Augenblicke in vollen Zügen auszukosten. Das Leben kann so wild und schön und turbulent sein, wir müssen es nur wagen, uns ebenso hübsch und aufregend zu fühlen. Oder so duftig zart und wachgeküsst wie die Kirschblüten an einem sonnigen Frühlingstag …

Innehalten

Loslassen, aushalten, hingeben. Das Leben geschieht. Wann hast du zuletzt die Schönheit der Blumen am Wegesrand wahrgenommen, das Farbenspiel von Himmel und Sonne bewundert, einfach nur geträumt, aus ganzem Herzen gelacht? Die Kinder machen es uns vor. Mach es ihnen nach! Nur einen Augenblick. Halte inne. Spüre das Leben. Atme tief ein. Lass dich einfangen, vollkommen, von diesem Moment. Es ist Frühling – und in dein Leben strömt die Freude.

SONNE
tanken

Der erste warme Tag. Die erste Mittagspause in der Sonne. Wir empfangen, wonach unsere Seele sich sehnt. Schon fünf Minuten Sonnenlicht genügen, um unsere Glückshormone zu aktivieren. Lassen wir den Endorphinen freien Lauf. Schließen wir die Augen und gönnen uns das Hochgefühl. Mit allen Sinnen. Wir können dem Licht in unserem Leben vertrauen. Die Kraft der Natur kehrt zurück. Genießen auch wir die Energie, die sie uns jetzt spendet!

PFLÜCKE DEN *Moment*

So viele Farben. So viele Gerüche. So viel Sinnlichkeit. Der Herbst ist der leise Bruder des Sommers. Er kommt viel stiller daher, weniger aufgeblasen und aufgeregt. Aber nicht weniger prächtig. Rote, gelbe, goldene Blätter an den Bäumen ziehen uns in ihren Bann: Sie laden uns ein, nach der Hektik der heißen Jahreszeit (Schnell zum See! Schnell zum Eisladen! Alles auf einmal, und zwar sofort!) ein bisschen Luft zu holen. Jetzt haben wir wieder Muße, um den Moment in seiner ganzen Einfachheit und Vollkommenheit zu pflücken. Endlich dürfen wir innehalten. Zum Beispiel bei einem Spaziergang um den leuchtenden See. Hörst du, wie das Laub unter deinen Füßen raschelt?

Riechst du den Wind, der dir um die Nase weht? Wie schmeckt dein Kaffee, den du danach auf der Bank vor dem Haus trinkst, eine Decke über deinen Beinen? Bitter, süß, milchig-weich? Das sind sie, die Momente, die dich ganz bei dir sein lassen. »Monde und Jahre vergehen und sind immer vergangen, aber ein schöner Moment leuchtet das ganze Leben hindurch«, sagte der österreichische Dramatiker Franz Grillparzer. Sammle diese Momente und bewahre sie in deinem Herzen auf wie kostbare kleine Edelsteine. Sie sind dein Schatz, der dir nicht genommen werden kann. Deine Momente des Glücks, sie werden immer in dir leben und pochen und tanzen.

DER KLANG des Winters

Zur blauen Stunde küsst das Abendrot den eiskalten Schnee. Nun sind die Tage am kürzesten. Der Schnee dämpft alle Geräusche. Kein Laut regt sich. Jetzt noch ein kurzer Spaziergang, bevor sich die Dunkelheit über uns legt. Genießen wir die Stille. Wie die Natur können auch wir innehalten. Ruhen. Kraft schöpfen. Für einen neuen Frühling, der ganz sicher bald kommen wird. Manchmal ist der Winter so mächtig, dass er die strömenden Fluten eines Wasserfalls in Eiszapfen zu verwandeln vermag.

Die Kälte bringt Festigkeit und Klarheit in das sonst sprudelnde Wasser. Auch wir können jetzt einen klaren Kopf bekommen. Und die Stille des Winters nutzen, um neue Pläne zu schmieden. Oder um uns aufzuwärmen, in Bewegung zu kommen. Ein blankes, unberührtes Schneefeld zu durchwandern. Mit überbordender Freude im Herzen laufen wir einfach los. Werfen uns in die weiße Pracht. Spüren die Kälte und das sanfte Kribbeln des schmelzenden Schnees auf unserer Haut. Leben.

Freiheit

Unendlich erstreckt sich der Horizont vor den Ballons. Sie fliegen über die Hügel, fernen Ländern entgegen. Furchtlos fährst du mit an Bord. Das Abenteuer lockt. Die Wunder der Welt wollen entdeckt werden. Es kribbelt im Bauch, die Aufregung wärmt dich von innen. Du weißt nicht, was dich erwarten wird. Doch im Korb ist es wunderbar ruhig. Nur der Wind pfeift leise in den Ohren.

Du spürst die Sonnenstrahlen im Gesicht. Siehst die Welt in all ihrer Schönheit unter dir vorbeiziehen. Und horchst in dich hinein. Nichts lenkt dich hier oben von deinem Selbst ab. Plötzlich löst sich etwas in dir und dein Blick weitet sich. Du beginnst zu staunen. Alltägliches verliert an Bedeutung im Angesicht des Zaubers der Schöpfung. Dein wahres Ziel steht dir jetzt klar vor Augen. Und du nimmst volle Fahrt voraus.

SONNE
IM
Herzen

Ein verstohlener Lichtschein schleicht sich in deine Wohnung. Erst zart, dann immer kräftiger. Strahlend, hell und warm. Komm, lass alles stehen und liegen. Das ist deine Zeit! Setz dich in das Licht und schließe die Augen. Denn die Sonne, sie scheint in diesem Augenblick nur für dich. Fühle und genieße ihre Kraft, die alles auf dieser Erde am Leben hält. Atme tief ein. Tief aus. Atme ihr Licht ein, ihre Energie. Sonnenschein erfüllt dich. Die Sonne, sie wärmt dich von außen, deine Haut, dein Haar. Und sie wärmt dich von innen. Sie bringt dein Herz und deine Seele zum Leuchten. Du musst nichts dafür tun. Denn Sonnenschein ist ein Geschenk des Lebens, der Götter, des Universums, nur für dich. Du bist Licht. Und in dir ist etwas, das immer leuchten und strahlen wird, für alle Zeiten, immer.

Tagtraum

Ein freier Sommertag nur für dich. Unendlich viel Zeit, die nur darauf wartet, mit Lieblingsbeschäftigungen gefüllt zu werden, ohne Verpflichtungen oder Stress. Einfach nur das Leben genießen. Am liebsten draußen in der Sonne, an der frischen Luft, die dir um die nackten Beine weht. Auf geht‘s ins Freibad oder an den Strand, wo sich der Geruch nach Sonnencreme und geschmolzenem Eis in die Nase schleicht.

Wo du endlich wieder wie ein Kind ohne Ziel in den Tag hinein leben kannst. Und die Wärme dich den Alltag vergessen lässt, dich vollkommen entspannt. Abends, wenn du dir das Salz aus den Haaren kämmst, müde von der frischen Luft, zirpen die Grillen um die Wette – ein großes Naturkonzert. Unendlich viele Sterne am tiefblauen Himmel glitzern wie weiße Muscheln am Meeresgrund. Schon morgen wirst du wieder zu ihnen hinabtauchen.

Herzöffner

Wenn gar nichts mehr geht, dann ist sie für uns da: die Natur. Ihre Ruhe, ihre Kraft. Schau dir einen Baum an. Mit welcher Macht er seine Wurzeln tief in die Erde treibt, die Äste weit in den Himmel gerichtet. Sein Stamm, seine Rinde fühlen sich lebendig warm und angenehm unter den Händen an. Und hast du dich schon einmal über die perfekte Symmetrie einer Blüte gefreut? Über ihre Anmut im Alltäglichen? Denn jeder Baum, jeder Ast und jede Blume sind einzigartig. Sie sind kleine Wunder dieser Erde. Geben wir ihnen den Platz, der ihnen gebührt, und lauschen ihren Geschichten, die tief in unseren Herzen erklingen.

HIER & jetzt

Leichtigkeit heißt, die Schönheit des Lebens zu sehen. Du spürst, wie du dich einfach treiben lässt. Träume mit uns. Du liegst in einem kleinen Boot, du treibst dahin im sanften Rhythmus der Wellen. Vielleicht eine Hand im Wasser und den Blick gen Himmel gerichtet. Du hörst das Wasser plätschern, die Vögel zwitschern, die Blätter in den Bäumen rascheln und du spürst die Sonne auf deinem Gesicht. Dir wird warm. Du fühlst dich geborgen. Du atmest ganz tief und ruhig. Keine Ängste oder Sorgen stören diesen Augenblick. Du bist in diesem Moment. Hier und jetzt.

ATME UND *leuchte*

Schlafende Babys tun es mit einer rührenden Selbstverständlichkeit: Sie atmen tief und gleichmäßig. Zuerst hebt sich ihr Bauch, dann die Brust, die Seiten bewegen sich sanft mit. Die Schultern bleiben entspannt. Es gibt nichts anderes zu tun. Babys atmen intuitiv optimal. Als Erwachsene müssen wir den guten Atem häufig wieder lernen. Denn langes Sitzen im Büro und vor dem Fernseher sowie enge Kleidung schnüren Bauch und Zwerchfell ein. Bei Stress atmen wir außerdem automatisch flacher, sind wie Tiere im Fluchtmodus.

Bewusster, langer, tiefer Atem dagegen entspannt und kann uns so zurück in unsere Mitte führen. Zentrieren. Die tiefe Bauchatmung, die auch Babys nutzen, ist sogar gesund. Sie stimuliert die Organe, regt die Verdauung an und stärkt das Immunsystem. Im Yoga nennt man den Atem Prana. Übersetzt heißt das Lebensenergie. Die Lehren des Yoga widmen ihm einen eigenen Bereich: Pranayama bedeutet so viel wie Kontrolle über die Lebensenergie und umfasst unzählige Atemübungen. Patanjali, der »Vater des Yoga«, sagte: »Atme langsam aus, dann atme ein und halte den Atem an. Dein Geist wird fest und ruhig sein.«

Balance

Das Leben ist ein Balanceakt. Tänzerinnen machen es uns vor. Geschmeidig wirken sie, scheinbar schwerelos. Dabei ist ihre Leichtigkeit hart erkämpft. Training und Kunst, Arbeit und Erholung, Denken und Fühlen ... Wie halte ich mich selbst, meinen Körper, meine Seele im Gleichgewicht? Es gibt keine Patentrezepte. Denn jeder Mensch tickt anders. Das Selbst ist die entscheidende Instanz. Der Alltag kann unser Inneres so total beanspruchen, dass es mit der Zeit erschöpft, ausbrennt. Deshalb muss jeder für sich selbst sorgen – für die Gesundheit, die Flexibilität und Balance der Gefühle und vor allem für die Klarheit der Gedanken. Die äußeren Umstände können wir meist nur in bestimmtem Maße ändern.

Wir haben größere Chancen, unsere Lebensumstände zu beeinflussen, wenn wir von innen auf äußere Gegebenheiten reagieren: Wenn sich Abläufe im Außen ändern sollen, weil sie für uns nicht mehr akzeptabel sind, müssen wir unsere Denkmuster ändern. Ganz allmählich verändern sich so auch die Verhältnisse, in denen wir leben. Tänzerinnen müssen lange und hart trainieren, bis das, was sie tun, schwebend leicht aussieht. Und vielleicht müssen wir auch erst einmal üben, unsere Gedankenwelt hell und positiv zu gestalten. Das mag schwer sein, wenn wir uns lange in negative Muster verstrickt haben. Aber wenn wir es geschafft haben, immer öfter einfach nur positiv zu denken, wird es plötzlich ganz einfach: Wir fühlen uns im Einklang mit uns und unserer Umwelt. In vollkommener Balance ...

Dankbarkeit

Der See schimmert in allen Blautönen des Eises, die Sonne versinkt hinter den mächtigen Bergen. Wie klingt das Geräusch der Stille hier draußen? Ein leises Plätschern der Wellen, die sich ans Ufer schmiegen. Das Knirschen des Schnees unter den Sohlen. Ein Stein, der, plumps, von dir ins Wasser geworfen wird. Langsam, ganz langsam, Atemzug für Atemzug, wirst du leer und still wie die winterliche Natur. Gehe in Gedanken zu deinem Herzen. Fühle, wie es sich weitet. Sich öffnet für all das Gute, das in deinem Leben ist. Hörst du, wie der Wind sacht in deiner Ohrmuschel rauscht? Lass mit ihm die Dankbarkeit zu dir kommen. Genieße den Moment. Er ist perfekt. Und nur für dich da. In der Gelassenheit der Stille.

Das Geräusch der Stille

Kennst du sie eigentlich noch, die kleinen, leisen Geräusche? Schließe die Augen. Und hör einmal genau hin! Blende in Gedanken den Lärm von draußen aus. Den Krach der Baustelle von nebenan. Das Röhren der Autos. Was hörst du jetzt in diesem Moment in diesem Raum? Das Puckern der Heizung? Das Rauschen der Spülmaschine aus der Küche? Lass auch diese Geräusche ziehen. Konzentriere dich auf deinen Körper. Was hörst du?

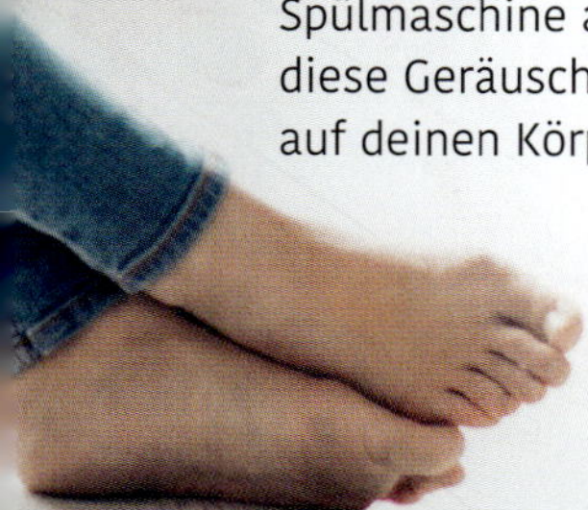

Ein Gurgeln im Bauch? Wie klingt es, wenn du durch die Nase atmest? Wie, wenn die Luft durch den Mund ein- und ausströmt? Jetzt bist du da. In deiner Mitte. Einer Oase der Gelassenheit und Ruhe, die dir keiner nehmen kann. Fühle die Kraft, die du daraus ziehst, dass du die Macht hast zu entscheiden, was du hören willst. Was du an dich heranlassen willst. Und was nicht. Lass dich einfach von der Stille deiner Seele leiten ...

Ein Zusammensein ohne zu sprechen. Worte dürfen Pause machen. Zwischen zwei Seelen gibt es jetzt nur das Schweigen und das Lauschen. Und die tiefe Verbindung über den Laut der Stille. Die Hand, die sanft das Fell eines Hundes streichelt – das leiseste Geräusch der Welt, während vor dem Fenster ein Vogel den Morgen begrüßt. Oder in stiller Zweisamkeit einen Kaffee trinken. Das Sirren des Zuckers, der im heißen Getränk versinkt. Löffel auf Porzellan. Wer schlürft hier eigentlich?

Spürst du die Achtsamkeit, die zwischen Lebewesen entsteht, wenn wir uns im Schweigen begegnen? Jetzt wachsen Vertrautheit und intuitives Verstehen von Herz zu Herz. Die achtsame Ruhe stärkt unsere Basis. In uns selbst und in unseren Beziehungen. Lässt uns fühlen, was uns verbindet. Liebe und Glück sind die Freunde der Stille.

Achtsamkeit

INSELN DES
Glücks

Schließe die Augen. Atme tief ein. Tief aus. Du begibst dich jetzt auf eine Reise zu einem Ort in dir, der dir Glück und Frieden schenken kann. Zu deiner inneren Landschaft. Wie sieht sie an diesem Tag aus? Vielleicht fühlst du dich erschöpft. Dann erscheint vor deinen Augen möglicherweise eine karge Wüste. Vielleicht warst du heute genervt und wütend. Dann lodern Flammen aus einem Vulkan. Lass das hinter dir.

Stell dir nun vor, dass du von weit oben, wie aus einem Flugzeug, auf dein Innerstes schaust. Unter dir das blaue, klare Meer. Ruhe strahlt es aus, Gelassenheit. Mitten auf der spiegelblanken Fläche ein heller Klecks aus weißem Sand. Eine einsame Insel! Du näherst dich, siehst Palmen. Das ist deine Insel in dir, auf die du dich nun zurückziehen kannst. Ruhe und Frieden verspricht sie dir, Zeit nur für dich.

SEI EIN
Licht

Sonnenstrahlen küssen deine Haut. Warm und wohlig wärmt dich der aufgeheizte Sand deiner Insel. Gibt dir Stärke, die dir vielleicht in letzter Zeit abhandengekommen ist. Alle Sorgen haben Urlaub. Verirrt sich doch ein störender Impuls, schau ihn dir an und schick ihn dann sanft weg. Später kannst du dich darum kümmern. Jetzt ist Zeit zum Durchatmen. Zum Nur-da-Sein. Atme tief ein. Stell dir vor, wie neue Energie in deinen Körper strömt. Atme aus. Fühle, wie sich dabei dein Körper entspannt.

Mit jedem Ausatmen wird dein Körper schwerer. Und im Zustand völliger Entspannung flimmert er dann auf: ein kleiner Funke Glück, der erst sachte lodert, dann immer kräftiger wird. Atme, leuchte und scheine von innen! Sei ein Licht für dich selbst. Das bist du. Das ist deine Insel.

Sehnsucht

Wie oft wünschen wir uns, etwas Unmögliches würde passieren. Während wir unter unseren nackten Füßen den harten, kalten Boden fühlen, schauen wir hinauf in den endlos weiten Himmel. Bitten innerlich um ein Zeichen, das uns Mut und Zuversicht spendet. Wenn du fest daran glaubst, wirst du Antworten bekommen. Umarme die Gelegenheit und wähle, was dir gegeben wird. Nimm dein Herz in die Hand. Dann wird die Magie dich erobern. Die Welt ist voller Liebe, die dich finden möchte. Sei empfänglich für ihre Kraft. Gib dich der Versuchung hin, mehr zu fühlen und weniger zu denken. Dem Verlangen, dich von deinen Gefühlen tragen zu lassen, bis du fast zu schweben scheinst – ohne aber den Boden unter den Füßen zu verlieren. Solche zauberhaften Momente werden dich wachsen lassen.

Größe

Solange du dich bemühst, andere zu beeindrucken, bist du von dir selbst nicht überzeugt. Solange du danach strebst, besser als andere zu sein, zweifelst du an deinem eigenen Wert. Solange du versuchst, dich größer zu machen, indem du andere klein machst, hegst du Zweifel an deiner Größe. Wer in sich ruht, braucht niemandem etwas zu beweisen. Wer um seinen Wert weiß, braucht keine Bestätigung. Wer seine Größe kennt, lässt den anderen die ihre.

DIE WEISHEIT der Indianer

Hoch wölbt sich das blaue Himmelszelt über dir. Sachte baumelt der Traumfänger im Wind. Komm mit in die Welt der Legenden der Lakota-Indianer: Einst webte die Großmutter Spinne den allerersten Traumfänger. Eine Mutter hatte die Großmutter Spinne um Hilfe gebeten, weil ihr Kind von Albträumen geplagt wurde. Die Spinne erzählte, dass uns in unserer Lebenszeit gute und schlechte Kräfte begegnen. In diesem Netz aber, so versprach sie, bleiben die bösen Träume kleben. Die Morgensonne wird sie auflösen.

Die guten Träume und Visionen aber schlüpfen durch das Loch in der Mitte ... genau zu dir! Wovon träumst du? Welcher Lebenstraum soll seinen Weg zu dir finden? Welche bösen Geister hindern dich daran? Du darfst wie die Indianer darauf vertrauen, dass die Schöpfung es gut mit uns meint. Langsam ziehen sich die Schatten der Nacht zurück. Die Sonne geht auf. Die bösen Geister müssen weichen. Glaube an deinen Traum und lass dein Glück geschehen!

Höhenflug

Ein sanfter Windhauch genügt, um die Regenschirme in die Luft zu heben. Wenn du einen der Griffe packst, schwebst du mit in die Höhe. Die Erde unter dir wird immer kleiner. Der Alltag rückt in die Ferne. Hier oben stehst du gelassen über den Dingen. Du fühlst dich unabhängig und stark. Doch in der Weite des Himmels fehlt der Schutz der Erde. Die Geborgenheit, die dich warm umhüllt. Das Sprungtuch, das dich auffängt, wenn du zurückfällst. Deshalb lerne zu schweben, doch verliere dabei nie den Kontakt zum Boden. Genieße deine Höhenflüge und bleibe doch tief verwurzelt. Die Gewissheit, wer du wirklich bist und was dich im Leben stärkt, verleiht dir Sicherheit. In der Ferne kannst du Abstand gewinnen. Doch nur das Hier und Jetzt gibt dir das Gefühl, wirklich angekommen zu sein.

KREATIVE *Momente*

Langsam geht die Sonne hinter dir unter und taucht die Welt in ihr goldenes Licht. Die Umgebung verändert sich nun mit jeder Sekunde – ein unvergleichliches Schauspiel der Natur. Und plötzlich ist er da, der einzigartige Augenblick, den es festzuhalten gilt. Der vollkommener nicht sein könnte. Die Schönheit fordert dein Talent heraus. Wirst du es schaffen, die außergewöhnliche Stimmung mit der Kamera einzufangen? Ergreife ihn, den kreativen Moment! Neugierig richtest du deinen Blick durch die Linse. Konzentriert beobachtest du das Zusammenspiel von Licht, Farben und Formen. Voller Achtsamkeit gibst du dich den Eindrücken hin. Das Objektiv verschmilzt mit dir, wird zu deinem dritten Auge. Nichts kann dich jetzt stören. Und tief in dir breitet sich eine wohltuende Ruhe aus.

Träume

Und manchmal passiert es doch: Aus einem lang gehegten Traum ist nichts geworden. Lassen wir uns an dieser Stelle von Marie von Ebner-Eschenbach trösten. Sie sagte: »Nenne dich nicht arm, weil deine Träume nicht in Erfüllung gegangen sind; wirklich arm ist nur, der nie geträumt hat.« Weise Menschen wissen auch: Bring deine Luftballons zum Fliegen, so gut du kannst. Aber wenn dein Traum einfach nicht fliegen will, ja, vielleicht war es eben nicht dein Weg. Dann halte inne und besinne dich neu. Das Leben meint es gut mit uns. Sicher wartet etwas viel Besseres und Schöneres auf dich!
Oder wie George Bernard Shaw schrieb: »Ihr aber seht und sagt: Warum? Aber ich träume und sage: Warum nicht?«

Lebenslust

Durchatmen, ankommen, sich fallen lassen. Die Schönheit des Augenblicks in sich aufnehmen. Genießen, was die Welt uns bietet: Stille und Temperament, Besinnlichkeit und Überschwang. Gegensätze, die das Leben mit Leben füllen. Erst nach einer Zeit der Anstrengung können wir auch Entspannung wirklich spüren. Können wir die Erholung annehmen. Wie wir selbst Spuren in den Schnee malen, hinterlassen Erfahrungen Spuren in unseren Herzen. Spuren großer Gefühle, die gelebt wurden und gelebt werden wollen. Sie sind Erinnerungen und Richtungsweiser zugleich: Was tut mir gut? Was erfüllt mich mit Zufriedenheit? Folge deinem ganz persönlichen Weg des Glücks! Nur auf ihm wirst du Erfüllung finden.

Freudensprung

Das Glück hat viele Gesichter. Wer will, kann es überall entdecken: In dem Sonnenstrahl, der die Nase kitzelt. In dem vierblättrigen Kleeblatt, das am Wegesrand leuchtet. In einer Begegnung mit einem geliebten Menschen. In einem unerwarteten Erfolg, und sei er noch so klein. Und schließlich in der Erkenntnis, dass wir dankbar sein dürfen für das, was wir haben, und für das, was wir sind. Zeig deine Dankbarkeit, indem du dein Leben mit allen Sinnen genießt. Leinen los! Wer große Gefühle erleben möchte, muss auch mal verrückt sein. Trau dich, deine Leidenschaft zu leben. Weck die Lebensgeister auf und steck andere an mit deiner Begeisterung! Spring wie ein Kind vor Freude in die Luft, tanz durch die Nacht, lauf in den Sonnenaufgang hinein – bis die ersten Sonnenstrahlen wieder deine Nase kitzeln.